Sei im Swing

Sinti Jazz und Flamencopoeme

von Dirk Karl

„Dirk hat mit seinen Poemen die Stimmung des Gypsy Swings perfekt eingefangen"

Joscho Stephan

© Dirk Karl
Sapientia Hominis, Reims, 2022
http://www.sapientia-hominis.org
Tous droits réservés
ISBN 9782491376031

Poetische Partitur

1. Sei im Swing
2. Seiend im Swing
3. Beswingt
4. Das spezifische Gewicht
5. Das Rot der Sonne
6. Der Swing
7. Im Swing
8. Bleib im Swing
9. Dem Lichte zugewandt
10. Gute Laune
11. Im Swing zu sein I
12. Im Swing zu sein II
13. Im Swing zu sein III
14. Im Swing zu sein IV
15. In die Lichtung
16. Indisch behaucht
17. Beswingt zu sein I
18. Beswingt zu sein II
19. Beswingt zu sein III
20. Auf meiner Reise
21. Aufbruch
22. Bleib beswingt I
23. Bleib beswingt II
24. Bleib beswingt III
25. Das Grauen kommt

26. Durch die schmutzigen Straßen
27. Komm in den Swing
28. Nur der Swing
29. Sammle die Scherben auf
30. Schwarze Blüten
31. Swing
32. Weil der Swing
33. Flamenco
34. Ein Olé des Lebens
35. Ihr habt gelernt
36. Modales Trio
37. Singe Dir
38. Wie kommt es nur
39. In einer lauen Sommernacht
40. Sanfte Lösung
41. Das größte Geschenk
42. Stadtspaziergang
43. Wenig Worte
44. Dem roten Sterne
45. Sei beswingt
46. Die grüne Fee I
47. Die grüne Fee II
48. Das grüne Elixier
49. Ohne Spiegelbild
50. Paradies

Sei im Swing

Zaubere ein Lächeln auf dein Gesicht
an guter Laune es viel zu vielen gebricht
Sei im Swing
und mach dein Ding
fließend und allzeit genießend
Kümmere dich nicht um die Leute
und die Meute
Sei im Swing
und Du bist der King
Lass dich nicht zwingen
und von Miesepetern niederringen
Unbekümmert die Negativität verkümmert
Sei im Swing
das Lied der Freiheit sing
sich nicht zu scheuen
sich am Leben zu freuen
locker und leicht Spott und Häme weicht
Sei im Swing
die Sonne sich in deiner Seele fing

(Chapeau Manouche, Jahnhalle Nordenham)
(13.02.16, 20:51)

Seiend im Swing

Seiend im Swing
unbekümmert, locker, frei
durch das Grau des miesen Einerlei
beswingt und leicht
Der Klang die Schwärze bleicht
Wohlgefühl und Leichtigkeit erreicht
Seiend im Swing
Nichts kann dich aus der Balance kippen
mit einem Lächeln auf den Lippen
frei und ungezwungen
Der Harmonie ein Lied gesungen
Frieden ist in Geist gedrungen
Seiend im Swing
Du pfeifst auf Ängste und auf Sorgen
lebst jetzt, nicht morgen
lässig und beseelt
Selbst sich aus der Schale schält
Dein Wesen Weg des Herzens wählt

(Lulu Weiss Ensemble, Zehnthaus, Jockgrim)
(11.08.19, 11:40)

Beswingt

Das Credo, das alle Trauer niederringt
mit einem Lächeln auf den Lippen
und beswingt
Gib der Trübsal keine Chancen
mach der Liebe und dem Glück Avancen
Das Lied der Freiheit erklingt
Sei beseelt und leicht beswingt
Grüße die Sonne und die Bäume
Pflege, lebe deine Träume
Fortuna deinem Herzen winkt
in Harmonie, in Frieden und beswingt
Die Schöpfung jeden Augenblick zu preisen
beswingt durchs Leben reisen

(Lulu Weiss Ensemble, Kammgarn, Kaiserslautern)
(14.05.19, 20:24)

Das spezifische Gewicht

Die Sonne hinter den Bergen versteckt
das Land der Freiheit unentdeckt
Der Mond erhellend den Geist
die Seele Richtung weist
in der Wüste heißer, feiner Sand
durch den Schleier, über die Wand
Lass deine Blicke schweifen
das Herz das Glück ergreifen
Die Sterne erhellen den Pfad
nach kriegerischer, revolutionärer Art
überquere die Brücke zum Licht
Du bist das spezifische Gewicht

(Absinto Orkestra und Lulo Reinhardt)
(Westring, Landau, 26.07.21, 20:40)

Das Rot der Sonne

Das Rot der Sonne suche
den Flug in Freiheit buche
zu riechen, fühlen, schmecken
die Liebe zu entdecken
Das Rot der Sonne ehren
Harmonie und Einheit mehren
mit Laune, Lust und Freude
im Hier und Jetzt und heute
Das Rot der Sonne in der Seele
den Pfad des Selbstes wähle
sinnlich, wild und sensuell
des Urgrunds und des Lebens Quell

(Flamenco Nacht, Haus der Kulturen Mainz)
(19.01.19, 21:32)

Der Swing

Der Swing lädt dich ein zu genießen
und in Musik zu zerfließen
dem Leben ein großes Ja zuzuschreien
und sich von allen Ketten zu befreien
Der Swing vermag dich auf Wolken zu tragen
dir tausend schöne Dinge zu sagen
in dir die Liebe zu wecken
und die Wünsche die sich in dir verstecken
Der Swing schickt dich auf die Reise
auf malerische, harmonische Weise
dein Herz umschmeichelt
und deine Seele streichelt
damit Dein Wesen schön und hell erkling
Der Swing

(Joscho Stephan Quintett)
(Frank Löbsches Haus, Landau)
(05.08.19, 20:36)

Im Swing

Entspanne dich und lass es fließen
den Augenblick in Fülle zu genießen
Im Swing und in Leichtigkeit
wird deine Zeit zur süßen Zeit
Mach dich frei und sei gut gelaunt
der Liebe sanfte Stimme raunt
Im Swing und mit Lebensfreude
Lebe absolut und jetzt im Heute
Preise das Leben an jedem Tage
den Sprung ins Abenteuer wage
Im Swing und mit Nonchalance
in Schönheit und Balance

(Internationales Sinti + Roma Kultur-Musikfestival)
(Gismo Graf Trio, Justus Liebig-Haus)
(Darmstadt, 16.09.18, 20:05)

Bleib im Swing

Kein Halunke dir den Weg versperrt
Kein Ekel dich in Ränke zerrt
Kein böses Wort in deine Sinne dringt
Kein Unmensch dich aus Ruhe bringt
Keine Schlange die dich überlistet
Kein Schatten an deiner Seite fristet
Kein Miesepeter deine Laune stört
Keine Sirene dich betört
Kein falscher Schein dich trügt
Keine Maske dir von Liebe lügt
Das Schicksal süß dir winkt
Dein Herz das bleibt im Swing

(Aven, Winterstein Sintett)
(Haus am Westbahnhof, Landau)
(08.09.18, 22:02)

Dem Lichte zugewandt

Ziehe deine Flügel aus dem Dreck
Streife ab die Traurigkeit
Lass dich vom Wind umwehen
Spüre die Sonne auf dem Herzen
Begib dich in Stürme
Ringe mit den Dämonen
Wandere durch das Schattenreich
Wende dich dem Lichte zu
Reiche deine Hand in Frieden
Balle deine Faust zur Schlacht
Kämpfe für die Freiheit
Sei wild und ungebändigt
Fließe mit dem Flusse
folgend den Sternen
Liebe unerschöpflich
Gehe, blühe, scheine
geeint mit Mutter Erde

(Gitarrenabend Ingelheim)
(Lulo Reinhardt, Yuliya Lonskaya, Daniel Stelter)
(Saalkirche Ingelheim)
(04.05.19, 22:14)

Gute Laune

Gute Laune dich beswingt
ein Lächeln auf die Lippen bringt
Vogel Lied der Freiheit singt
Fortuna mit dem Glücke winkt
Gute Laune ist ganz leicht
Sei auf Lebensfreude stets geeicht
Zorn und alle Häme weicht
Kosmos Hände reicht
Gute Laune macht zufrieden
Pech wird stets gemieden
Harmonie dir stets beschieden
geeint in Frieden

(Fanfare Ciocarlia, Centralstation Darmstadt)
(06.02.19, 20:40)

Im Swing zu sein I

Im Swing zu sein
Nichts hält dich klein
Alles ist wunderbar und fein
Du gehst deine Straße lang
folgst deinem Wesen, deinem Drang
Im Swing zu sein
Das Leben dein
in der Sonne süßem Schein
Du lächelst aus der Seele
Dein Herz sich aus der Schale schäle
Im Swing zu sein
pur und rein
trinkst der Sinnlichkeiten süßen Wein
Du lebst nach deiner Weise
bist der König deiner Reise

(The German Gypsy Masters, Gismo Graf Trio)
(Kammgarn, Cotton Club, Kaiserslautern)
(27.09.18, 21:41)

Im Swing zu sein II

Sei die Welt auch mies und voller Pein
Seien Menschen liederlich gemein
Sei die Antwort auf deine Wünsche nein
Du verstehst im Swing zu sein
Seien all die grauen Zeitgenossen
traurig, bieder und verdrossen
Seien die Gemüter giftig und gemein
Du beliebst im Swing zu sein
Sei das Leben ungerecht und hart
mit barscher Ignoranz gepaart
ist dein Leben dennoch fein
denn Du pflegst im Swing zu sein

(Joscho Stephan Quartett)
(Kulturbühne Max, Hemsbach)
(27.01.19, 19:55)

Im Swing zu sein III

Mit einem breiten Lächeln im Gesicht
nichts was deine gute Laune sticht
mit Verve, Elan und Stil
perfekt, genau, nicht zu wenig, nicht zu viel
edel, pur und rein
Im Swing zu sein
Mit lächelndem Herzen
aufgelegt zu Sonnenschein und Scherzen
angefüllt mit purer Lebensfreude
absolut, im Hier und Jetzt und Heute
Nichts hält dich klein
Im Swing zu sein
Alle Miesmacher können dir gestohlen bleiben
du lässt es fließen, lässt dich treiben
der Harmonie und Liebe hingegeben
huldigst leicht und locker du dem Leben
Alles wunderbar und fein
Im Swing zu sein

(Joscho Stephan Trio, Blaues Haus, 67295 Bolanden)
(23.02.19, 20:32)

Im Swing zu sein IV

Im Swing zu sein
alles leicht und heiter, alles fein
Kein Schuh mehr drückt
die Nonchalance entzückt
die Leichtigkeit obsiegt
die Lebensfreude überwiegt
Im Swing zu sein
gute Laune dein und mein
Kein Zwang, keine Eile, keine Hast
im Augenblicke alles passt
mit einem Lächeln im Gesicht
die Seele liebt das Licht
Im Swing zu sein
pur, mit Pep und Leidenschaft
in Sanftheit und mit Kraft
Harmonie und Frieden ist die Marge
dem Leben eine Hommage

(From Django Reinhardt to Oscar Peterson)
(Augustinum Heidelberg, 22.05.19, 20:45)

In die Lichtung

Durch das Feuer verbrannter Asche
graue Wolken und Blitze
über das Feld in den blanken Sturm
auf den Berg den Blick zum Himmel
Durch den Dschungel bunt
am Wasserfalle badend
am Strand des Paradieses liegen
den reißenden Fluss entlang
Durch das Dickicht und die Dornen
quer durch Asphalt und Beton
die Mauer und den Stacheldraht überwinden
in die Lichtung der Freiheit

(Nacht der Gitarren, Lulo Reinhardt, Alexandr Misko)
(Eleonora Strino, Stephanie Jones)
(Roxy, Neustadt an der Weinstraße, 10.11.21, 21:10)

Indisch behaucht

Im Fluss der Zeit
vom Schatten ganz befreit
Herz und Seele weit
des Kriegers kühnes Kleid
Mit dem Kosmos fließen
tausend Pfeile zur Sonne schießen
jeden Augenblick genießen
tausend Blüten sprießen
Des Kosmos feine Gaben
sich an der Freiheit laben
Der Pfad ins Licht
die Seele von Gewicht
Der Liebe reine Pracht
Selbst und Kosmos alle Macht
Alle Schatten bleichen
dem Glück die Hände reichen
mit dem Herzen sehen
den Weg ins Glück zu gehen

(Gypsy meets India, Bonhoeffer Haus, Wiesbaden)
(01.12.18, 21:00)

Beswingt zu sein I

Beswingt zu sein
macht das Leben wunderbar und fein
Lass die Sonne in Dein Herz
Besiege Groll und Schmerz
Beswingt zu sein
der Tag ist dein
angefüllt mit Lebensfreude
Harmonie als Beute
Beswingt zu sein
in blankem Sonnenschein
in gute Laune getaucht
von Humor behaucht
Beswingt zu sein
wie ein edler roter Wein
mit einem Lächeln breit
des Lebens beste Zeit

(Torino Reinhardt Ensemble, Jazz Club 77, Wiesloch)
(08.02.19, 21:28)

Beswingt zu sein II

Beswingt zu sein
Nichts ficht dich an
Nichts kriegt dich klein
Du folgst deinem Herzen blind
bist mit dem Himmel, Regen, Wind
Beswingt zu sein
Du gehst in blankem Sonnenschein
hast auf den Lippen stets ein Lachen
liebst es Lebensfreude zu entfachen
Beswingt zu sein
im Wesen pur und rein
locker, in Harmonie, ausgewogen
zur Freiheit und zur Liebe hingezogen

(Biréli Lagrène, Holzmanno Winterstein, Vali Mayer)
(Kulturtage der Sinti und Roma)
(Karlstorbahnhof Heidelberg)
(24.06.19, 20:51)

Beswingt zu sein III

Beswingt zu sein, Wasser wird zu Wein
alles dufte, alles fein
Niemand kann dich fangen
keiner dich belangen
Dir wachsen starke Flügel
Du reitest ohne Zügel
Beswingt zu sein, dein Leben dein
in der Sonne Schein
Alles wunderbar und klar
niemand dich zu etwas zwingt
kein Feind dich niederringt
Du spazierst am hellen Strand
mit deiner Liebe Hand in Hand
Beswingt zu sein, nichts hält dich klein
alles easy, alles groovy
Niemand kann dich kriegen
in Freiheit zu obsiegen
Du gehst auf deinem Pfad
lächelnd, wild und zart

(Wawau Adler, Ella & Louis, Rosengarten Mannheim)
(27.01.22, 21:34)

Auf meiner Reise

Dann gehe ich auf meine Reise
und nehm die Sonne mit
Grüße die Wolken aus dem Herzen
halte an und schaue mir Gesichter an
Rede mit Menschen
und spiele mit Hunden
Spüre den Wind und die Erde
Dann gehe ich auf meine Reise
rieche Blütenduft und folge dem Mond
Die Sterne zeigen mir den Weg
Mein Herz schlägt mit dem Abendrot
Meine Seele mit den Vögeln singt
Ich genieße jeden Atemzug
denn ich bin auf meiner Reise

(Schmitto Kling, Hot Club Zigan)
(Best of Django Reinhardt)
(Lincoln, Worms, 24.04.10, 20:32)

Aufbruch

Nimm deine sieben Sachen
und ziehe los ins Ungewisse
Deine Waffe ist dein Mut
Dein Herz trägt dich durch den Sturm
Breite deine Flügel aus
und fliege in die Freiheit
Scher dich nicht um Ängste
die Götter sind mit dir
Überschreite deine Grenzen
überwinde deine Furcht
Gehe den Pfad des Kriegers
genährt von Mutter Erde
Vertraue Sonne und Mond
und wandle in ihrem Licht
auf einem mit Liebe erfüllten Weg

(Lulo Reinhardt, YuliaLonskaya + Daniel Stelter Trio)
(Pariser Hof, Wiesbaden, 05.04.19, 20:20)

Bleib beswingt I

Niemand dir den Weg versperrt
Keiner dich in Spiele zerrt
Kein böses Wort in deine Sinne dringt
Kein Unmensch dich aus der Ruhe bringt
Bleib beswingt
Keine Schlange die dich überlistet
Kein Schakal an deiner Seite fristet
Kein Miesepeter deine gute Laune niederringt
Kein Gauner der dich linkt
Bleib beswingt
Kein falscher Schein dich trügt
Kein Puppenspieler dich belügt
Kismet süß dir winkt
Dein Herz das Lied der Freiheit singt

(Reinhardt Family, Haus am Westbahnhof, Landau)
(18.06.16, 20:23)

Bleib beswingt II

Auch wenn es schwer nach Ärger stinkt
das Böse durch alle Ritzen dringt
jeder jeden betrügt und eifrig linkt
Bleib beswingt
Auch wenn das Glück lahmt und hinkt
Hiob schwere Botschaft bringt
Deine Existenz um Pekuniäres ringt
Bleib beswingt
Auch wenn das Pendel
wenig günstig schwingt
des Schicksals Karten schlecht gezinkt
Kein Stern hell und stark dir blinkt
Bleib beswingt
Auch wenn Vieles dir misslingt
Kein Engel dir ein Liedchen singt
Keine Liebe und kein Liebchen winkt
Bleib beswingt

(Jordan Weiss Quartett)
(Jazz im Quadrat, Kapuzinerplanken)
(Mannheim, 07.04.18, 14:14)

Bleib beswingt III

Bleib beswingt und federleicht
Sei auf gute Laune stets geeicht
Vergiss die Liebe nicht auf deinem Wege
Das Glück hüte und pflege
Bleib beswingt und gelassen
mit Lebensfreude stets zu prassen
Verpasse nicht des Schicksals Chancen
erkenne und ergreife Fortunas Avancen
Bleib beswingt und voller Mut
Sei harmonisch und vor allem gut
Versäume nicht viel zu geben
fließend, teilend voll zu leben

(The German Gypsy Masters, Armin Heitz Trio)
(Kammgarn Cotton Club, Kaiserslautern)
(27.09.18, 20:23)

Das Grauen kommt

Das Grauen kommt im Morgengrauen
blanke Ängste, kein Vertrauen
verkauft und verraten
auf tausend Arten
Das Grauen kommt im Abendrot
alles zerstört, alles aus dem Lot
entrechtet und vertrieben
von Heimat nichts geblieben
das Grauen kommt um Mitternacht
um Frieden und Freiheit gebracht
entwürdigt, geschlagen, ausgespien
bleibt nur zur rechten Zeit zu fliehen

(Daniel Steltinger und Band, Synagoge Worms)
(15.05.19, 19:36)

Durch die schmutzigen Straßen

Durch die schmutzigen Straßen
wo noch etwas Seele liegt
Staub in Augen dringt
Sehnsucht in den Sonnenstrahlen
verlorene Hoffnung und vergangene Liebe
eine Träne auf die Erde fällt
Durch die schmutzigen Straßen
wo das Herz noch blutet
Träume in den Herzen liegen
melancholische Lieder erklingen
Gitarren von Trauer erzählen
ein Lächeln huscht übers Gesicht
Durch die schmutzigen Straßen
wo Freiheit nicht verloren
wo alles pulst und atmet
von Blut und Leid erzählt
in bittersüßer Atmosphäre
wo Menschen noch Menschen sind

(Flamenco Nacht, Isabel Alvarez und Freunde)
(Gleis 4, Frankenthal, 07.11.21, 19:50)

Komm in den Swing

Komm in den Groove, komm in den Swing
Sei voll Überschwang und Heiterkeit
Genieße voll die Sommerzeit
lass alle Sorgen verwelken
und alle Trauer verdorren
alle Stricke sind entworren
Lass dich fallen smooth
ins Paradies das Humor und Liebe schuf
Komm in den Flow, komm in den Swing
Bade in der guten Laune
Fortunas sanfte Stimme raune
Verbinde Herz und Sonne
Schönheit, reine Wonne
Gehe lächelnd auf dem Pfad
der Selbst mit Freiheit paart

(Wawau Adler, Ella & Louis, Rosengarten Mannheim)
(27.01.22, 20:25)

Nur der Swing

Nur der Swing kann dich beglücken
deine Seele in das rechte Licht zu rücken
Auf alle Sauertöpfe pfeifen
und ins reine Glück zu greifen
Nur der Swing kann dich befreien
von der Mühsal dich entzweien
Deine Sinne grenzenlos betören
auf deine innere Stimme hören
Nur der Swing kann dich versöhnen
von Trauer und Reue dich entwöhnen
aus vollem Herzen sprechen
und alle Mauern niederbrechen

(Gypsy meets Jazz, Joscho Stephan Trio)
(Rheinpromenade, Mannheim)
(14.09.21, 20:10)

Sammle die Scherben auf

Sammle die zerbrochenen Scherben auf
bis deine Finger bluten
kehre ein in Deine Asche
Forme aus ihr Flügelpaare
Sieh den Schatten ins Gesicht
Sei ohne Zorn und Häme
Schaue mit dem Herzen
Schieße tausend Pfeile zur Sonne
Befreie dich von allen Ängsten
Beerdige die Trauer ohne Kreuz
Gehe auf den Pfad der Freiheit
verbunden mit den Ahnengeistern
verbrüdert mit dem Kosmos
Küsse Mutter Erde
Sei ein Krieger der es wert ist
mit vor Liebe überfülltem Herzen

(Gypsy meets Classic)
(Lulo Reinhardt und Yuliya Lonskaya)
(Gut Leben am Morstein, Westhofen, 20.08.20, 21:44)

Schwarze Blüten

Der Engel trägt ein schwarzes Kleid
gemacht aus Trauer und aus Einsamkeit
Am Himmel stehen schwarze Wolken
die dem dunklen Herzen folgen
die Nacht in schwarzen Samt gehüllt
Melancholie die Seele füllt
Tausend Tränen die verronnen sind
Der Sehnsucht Asche fliegt im Wind
Die Liebe ist vergessen und versandet
Die Hoffnung ist gestrandet
In Wehmut und in Bitterkeit
Die Rose schwarze Blüten treibt

(Flamencoabend, Romno Kher, Mannheim)
(18.09.18, 21:14)

Swing

Swing trägt dich durch den Sturm
bringt dich auf den höchsten Turm
lässt dich von den Gipfeln blicken
die Trauer in die Wüste schicken
Swing lädt dich zur Lebensfreude ein
ende aller Trauer, aller Pein
Aus vollem Herzen lachen
tausend tolle Sachen machen
Swing führt dich zum Glücke
baut zum Kosmos eine Brücke
befreit dich von all dem Mist
weil du pure Sonne bist

(Gypsy meets Jazz, Joscho Stephan Trio)
(Rheinpromenade Mannheim)
(14.09.21, 21:31)

Weil der Swing

Weil der Swing die Seele meint
mit ihm die Sonne scheint
Die Trauer sich verzieht
der Schatten mit dem Frohsinn zieht
Weil der Swing tief ins Innere dringt
und das Lied der Freiheit singt
Die Sorgen in die Wüste schickt
und das Gemüt ins Helle kickt
Weil der Swing dich glücklich macht
Dein Wesen vor Verzückung lacht
Du wandelst in der Sonne
Das Leben ist die reine Wonne

(Gypsy Dynasty: Lagrene, Meier, Winterstein)
(Kammgarn, Cotton Club, Kaiserslautern)
(07.09.19, 20:36)

Flamenco

Lass dich von den Flüssen treiben
von der Sonne küssen
Wandle unter dem Mond
Breite deine Flügel in der Nacht
Sei beständig wie der Fels
tosend wie das Meer
treibe tiefe Wurzeln
in den Urgrund deiner Seele
Eine dich mit Mutter Erde
Vergiss nie deine Pfeile
Sei stets bereit zum Kampfe
Stehe wie ein starker Baum
Bruder des Adlers und des Wolfes
Siege über die Dunkelheit
mit offenem Herzen und offenem Geist
Gehe ins Licht
ein Freund der Harmonie
unbändiger Verfechter der Freiheit

(The Art of Flamenco, Café del Mundo)
(Capitol Mannheim)
(25.01.20, 20:55)

Ein Olé des Lebens

In den Farben Rot und Schwarz
zwischen Tag und Nacht
in Anmut, Grazie und Harmonie
wild und ungestüm
Rhythmus klatschender Hände
Gesang voller Inbrunst
flinke Hände huschen über Saiten
tanzend im Stakkato
geschwungene Fächer
Ausdruck reiner Lebensfreude
Einheit von Tanz, Musik und Gesang
ästhetisch und schön
Ein Olé des Lebens

(Flamenco de mi alma, Schatzkistl)
(Augustaanlage, Mannheim)
(27.03.22, 17:27)

Ihr habt gelernt

Ihr habt gelernt eure Meinung zu verstecken
um ja nicht anzuecken
eure Fehler zu kaschieren
um perfekt zu funktionieren
Ihr habt gelernt euch anzupassen
unterzutauchen in den Massen
euer Fähnchen in den Wind zu hängen
eure Sehnsucht zu verdrängen
Ihr habt gelernt euch zu betrügen
euch täglich zu belügen
die Freiheit zu missachten
und euren Traum zu schlachten
Ihr habt gelernt euch klein zu machen
darüber noch zu lachen
erzogen zu verzichten
eure Seele zu vernichten
Ihr habt gelernt kein Mensch zu sein

(Romno Kher, June Heilig Band, Mannheim)
(16.5.19, 18:53)

Modales Trio

Du musst nicht in den Spiegel schauen
Nur dir selbst vertrauen
es gibt keine Scherben aufzukehren
Hör auf dich um die Asche zu scheren
du sollst die Schatten begraben
und dich am Sonnenlichte laben
Es gibt nichts zu bereuen
keine Zweifel zu streuen
du kannst die Flügel breiten
Herz und Seele weiten
ins Meer der Freiheit springen
Liebe zur Erfüllung bringen

(Wawau Adler, Ella & Louis, Rosengarten Mannheim)
(27.01.22, 20:40)

Singe Dir

Singe Dir den Schmerz von der Seele
Schreie Deine Sehnsucht raus
intoniere deine Traurigkeit
Lass Töne zu Tränen werden
singe Dir das Leid aus dem Herzen
und gib Deinen Wunden eine Stimme
Besiege all den Kummer durch Fröhlichkeit
und tanze Dich ins Glück
Singe dir die Wehmut aus dem Gemüt
Schwelge in den süßen Strophen
Gib Dich der Melodie des Lebens hin
und setze ein Tremolo der Lebensfreude

(Slowakisches Freilichtmuseum Skansen, Martin)
(Te Prindzaras Amen Spoznajme)
(28.07.19, 12:20)

Wie kommt es nur

Wie kommt es nur
dass mich alle Regeln ekeln
dass alle Grenzen mir zuwider sind
Ich vertraue der Sonne und dem Wind
Wie kommt es nur
dass alle Heuchelei mich kränkt
mich in das Reich der Schatten drängt
der Himmel mir ein Lächeln schenkt
Wie kommt es nur
dass das Normale mir nicht genügt
Wie kommt es nur
dass aller Schein so billig trügt
Wie kommt es nur dass ich obsiege
und nicht genug von Freiheit kriege

(Gypsy meets Jazz, Joscho Stephan Trio)
(Rheinpromenade, Mannheim)
(14.09.21, 20:30)

In einer lauen Sommernacht

In einer lauen Sommernacht
hast du mich um den Verstand gebracht
haben wir das Paradies berührt
die Leiter, die in den Himmel führt
In einer lauen Sommernacht
das pure Glück vollbracht
die Liebe neu erkoren
und Harmonie neu geboren
In einer lauen Sommernacht
schienen die Sterne voller Pracht
haben wir aus purer Wonne gelacht
und aus zweien eins gemacht

(Gypsy meets Jazz, Joscho Stephan Trio)
(Rheinpromenade, Mannheim)
(14.09.21, 21:52)

Sanfte Lösung

Wenn wir uns küssen sanft im Abendrot
und der rote Wein durch unsere Kehlen rinnt
Wenn wir in gelben Feldern liegen
und aus dem Herzen die Sonne grüßen
Wenn wir gehen Richtung Regenbogen
und uns baden dort am Wasserfall
Wenn wir auf des Berges Gipfel stehen
in Liebe unterm Himmelszelt
Wenn wir durch
den strömenden Regen spazieren
und Haut an Haut uns wärmen
Wenn wir an schönen Stränden weilen
und jeden Augenblick genießen

(Schmitto Klings Hot Club Zigan)
(Stadthalle Deidesheim)
(21.11.04, 20:37)

Das größte Geschenk

Wie der Grund des Meeres tief
süß wie Blütenstaub
hell wie tausend Sonnen
das Licht, das alles überstrahlt
aus der Seele Urgrund
glühend, brennend, Funken sprühend
mit Leidenschaft und Herz
die Quelle reiner Harmonie
in Schönheit farbenfroh
ungezwungen, ungebändigt
mit tiefen starken Wurzeln
das uns alle glücklich macht
der Bruder der Freiheit
Erde und Himmel vereinend
das größte aller Geschenke

(Flamenco Nacht, Isabel Alvarez und Freunde)
(Gleis 4 Frankenthal)
(07.11.21, 20:50)

Stadtspaziergang

Ich gehe durch die Straßen
wo die Menschen das Lächeln vergaßen
Viel zu vielen steht die Trauer im Gesicht
Der Schatten mit zu viel Gewicht
Ich gehe durch die Stadt
die die Leichtigkeit verloren hat
Die Harmonie ist entschwunden
mit unsichtbaren Stricken gebunden
Ich gehe durch die Gassen
fernab der Massen
um einen Lichtblick zu erheischen
und das Grau rot anzustreichen

(Wawau Adler, Ella & Louis, Rosengarten Mannheim)
(27.01.22, 21:16)

Wenig Worte

Vergessen sind die Brücken und das Licht
das Glück verliert sein Gesicht
Die Träume sind versandet
Der Adler ist gestrandet
Verloren all die Liebe
von der nur kalte Asche bliebe
Wir können noch nicht mal weinen
geübt den Schmerz zu verneinen
Verraten sind all die Emotionen
die tief im Herzen wohnen
Wir haben uns um unsere Träume betrogen
Vernunft die nur verlogen
Verrottet sind die Utopien
die so laut nach Freiheit schrien
Wenig Worte die viel wiegen
Nur wer kämpft wird siegen

(Café del Mundo, Art of Flamenco)
(Augustinum, Heidelberg)
(24.02.19, 17:35)

Dem roten Sterne

Der Raum zerstört den Traum
Der Traum gebiert den Raum
Der Raum beschenkt den Traum
Der Traum ist Selbstes Saum
Alles oder nichts, kein Kaum
Aus der Seele Wurzeln Baum
zum Kampf, zum Krieg
Niederlagen und der blanke Sieg
martialisch und voll Mut
Der Wille ist das höchste Gut
befreit von Schande und von Schmach
Folge stets dem roten Sterne nach

(Dotschy Reinhardt, Das Wormser, Worms)
(12.10.17, 20:53)

Sei beswingt

Sei beswingt
in deinem Herzen das Lied erklingt
das durch deine Adern dringt
und dich zum Gipfel bringt
Sei beswingt
und gehe lächelnd durch das Leben
der Sonne hingegeben
einen Teppich aus Glück zu weben
Sei beswingt
deine Stimme vor Verzückung singt
die pure Einheit winkt
und alles wunderbar gelingt
Sei beswingt
gewieft und verschmitzt
Stern der Harmonie am Himmel blitzt
in Frieden Wohlgefallen sitzt

(Gröschlerhaus, Jever)
(08.03.16, 19:46)

Die grüne Fee I

Die grüne Fee ruft aus dem Wald
Das Licht schimmert zwischen dem Moos
ein Sonnenstrahl trifft auf deine Stirn
du irrst durch die grünen Labyrinthe
suchend nach dem frischen Quell des Lebens
mit jedem Schritte wächst deine Zuversicht
Die grüne Fee dringt in deinen Geist
uferlos und glänzend wie Smaragd
Du läufst in die helle Lichtung
Dein Herz vor Freude lacht
Bruder von allem was atmet und lebt
Die grüne Fee eint dich im Alleinen

(Absinto Orkestra + Lulo Reinhardt)
(Theater Rüsselsheim)
(02.04.22, 20:30)

Die grüne Fee II

Die grüne Fee führt dich über den Rand
in ein Dir unbekanntes Land
wo alles Grün erglüht
und malachitene Funken sprüht
führt dich durch die grünen Auen
wo Elfen magisch ein Schloss erbauen
Die grüne Fee lässt deinen Geist sich drehen
und dich mit dem Herzen sehen
Sie eint dich mit der Natur
macht dein Wesen rein und pur
verlierend alles was nicht wahr
der Pfad des Lebens wunderbar

(Absinto Orkestra, Theater Rüsselsheim)
(02.04.22, 20:56)

Das grüne Elixier

Das grüne Elixier, das dich verführt
Der Körper jede Faser spürt
Du gehst durch verbotene Türen
die zu unbekannten Welten führen
Du findest dich in wilden Wäldern
ruhst auf gelben Feldern
Das grüne Elixier die Sinne weckt
weckt was in dir steckt
Du lässt dich fallen
und bist ein Teil von allem
Nirwana der Natur und Seele Raum
Du lebst den kühnen Freiheitstraum
Das grüne Elixier ist eins mit dir

(Absinto Orkestra + Joscho Stephan)
(Theater Rüsselsheim)
(02.04.22, 21:57)

Ohne Spiegelbild

Durch den schwarzen Tunnel
auf dem grauen Asphalt
strömender Regen, bittere Kälte
laufen, atmen, rennen, schwitzen
durch die Wüste darbend
Die Geier kreisen am Himmel
weiter mit unbeugsamem Willen
mit der Machete Dschungel querend
an der Lichtung Wasser trinkend
erklimmend den höchsten Gipfel
schauend in das karge Tal
reitend durch die staubige Prärie
sich badend am Fluss
schauend in das Wasser
ohne Spiegelbild

(Absinto Orkestra, Theater Rüsselsheim)
(02.04.22, 22:20)

Das Paradies

Das Paradies liegt nahe
sich überschlagend, überragend
reitend auf der Welle
galoppierend, sich verlierend
durch das Rot ins Lot
ein Feuer wild und ungeheuer
Tanzend durch die Nacht
des Lebens pure Pracht
sich drehen, Pirouetten
den Himmel zu berühren
tiefste Seele rühren
in ferne Gefilde reisen
das Leben und die Liebe preisen

(Absinto Orkestra, Lulo Reinhardt + Joscho Stephan)
(Theater Rüsselsheim, 02.04.22, 22:48)

Dépôt légal : novembre 2022
Impression à la demande : Lulu Press, Inc. Raleigh (NC-USA)
http://www.lulu.com

www.ingramcontent.com/pod-product-compliance
Lightning Source LLC
Chambersburg PA
CBHW060430050426
42449CB00009B/2229